PREMIÈRE PARTIE

DE LA

MÉTHODE DE LECTURE,

PAR UN INSTITUTEUR DE L'ARROND.ᵗ DE PÉRONNE.

J... F... V.seur.

(Cette méthode a été soumise à l'examen d'une association d'instituteurs).

Cette première partie se vend en 4 tableaux. La deuxième partie forme un autre petit livre de 36 pages.

LILLE.
L. LEFORT, IMPRIMEUR-LIBRAIRE,
RUE ESQUERMOISE, 55.
1843.

Nos deux petits livres de lecture peuvent être employés avec avantage dans toute école primaire élémentaire, quelle que soit la méthode du maître pour enseigner à lire. Or, on enseigne à lire de quatre manières :

1.° En faisant épeler par l'ancienne appellation des lettres ;

2.° En faisant épeler par la nouvelle appellation des lettres ;

3.° En employant l'épellation mixte ;

4.° En faisant lire sans épeler.

COMPARAISON DE CES MÉTHODES.

AVANTAGE DE L'ÉPELLATION MIXTE.

1. L'ancienne appellation des lettres pour épeler, n'est plus employée aujourd'hui par les instituteurs qui l'ont assez méditée pour en reconnaître l'absurdité. Pour prouver cette absurdité, épelons ces deux mots : saint, cœur, — es-a-i-enne-té (saint), cé-o-é-u-erre (cœur). On ne reconnaît presque jamais dans la lecture des mots aucun des sons qui les ont composés.

2. La nouvelle appellation des lettres, qui consiste à lire toutes les consonnes en finissant par le son *e*, *be*, *fe*, *de*, etc., est mille fois préférable à l'ancienne ; mais il y a encore de l'absurdité d'épeler toutes les syllabes en nommant chaque lettre l'une après l'autre, puisque souvent les consonnes finales des mots n'ont pas de son dans la lecture. *Exemple :* se-a-i-ne-te (saint). De plus, on décompose inutilement les voyelles composées et les syllabes inverses, comme e-u (eu), o-re (or),

i-ne (in), de sorte que chaque syllabe ne présente pas non plus tous les sons des lettres nommées en épelant. *Ex.* : se-a-i-ne-te (saint), que-o-e-u-re (cœur).

3. L'épellation mixte consiste à lire, sans épeler, les syllabes inverses et les voyelles composées, comme *ab, ac, ob, au, eu, ou;* à épeler les syllabes *directes simples* et les *directes composées*, comme *mi, si, do, sol*, etc., de sorte qu'on lit ou qu'on épelle chaque syllabe d'après le son qu'elle a naturellement dans la lecture. *Ex.*: admire, sol, sortira, saint, cœur ; — ad-me-i (mi-admi) re-e (re-admire); — se-ol (sol); — se-or (sor) te-i (ti-sorti) re-a (ra-sortira); — se-in (saint); — que-eur (cœur).

4. Lire toutes les syllabes des mots sans épeler du tout, est certainement la méthode la plus rationnelle ; mais vu que beaucoup d'instituteurs prétendent qu'elle est nuisible aux enfants lorsqu'ils commencent à écrire à la dictée, parce qu'ils ne sont pas aussi forts sur l'orthographe usuelle que quand ils ont épelé, nous croyons devoir donner la préférence à *l'épellation mixte*.

MANIÈRE D'EMPLOYER CETTE PREMIÈRE PARTIE
PAR L'ÉPELLATION MIXTE.

Epeler la 4.ᵉ leçon, composée de syllabes directes.
Epeler la 5.ᵉ leçon, composée de syllabes formées avec ch, gn, ph, gu, qu, ill.
LIRE, sans épeler, le syllabaire de la 6.ᵉ leçon. Les exercices doivent être épelés ou lus d'après la composition des syllabes.

OBSERVATION.

Épeler ou *lire chaque syllabaire*, d'abord *par ordre vertical, de haut en bas*, puis *de bas en haut*, et *finir par l'ordre horizontal*.

I.re LEÇON.

Voyelles simples.

a e o u i y

Différentes sortes d'e.

e é è ê (*)

EXERCICE.

a o i y a u e
è é y i u o è
u o ê a e y é
e i e ê é o a

—

A E I O U Y

(*) Pour commencer, faites lire *é* (comme dans été) tous les *e* accentués. Plus tard, quand vous le trouverez bon, vous en expliquerez les différentes prononciations d'après chaque accent.

L'*y* (grec) se prononce *i*.

II.e LEÇON.

Voyelles et consonnes.

a	p	b	d	q	c	k	e
—	pe	be	de	que	que	que	—
f	**g**	h	i	j	l	m	n	o
fe	gue	—	—	je	le	me	ne	—
r	s	t	u	v	x	y	z
re	se	te	—	ve	cse	i	ze

Ne faites jamais nommer la lettre h (ache) pour épeler.

EXERCICES.

a c k q e o m n
r s j c e c l i
f r n m j l n m

———

q k c d d b d b
p q k v x y s t
u z v x z x z r

III.e LEÇON.

A B C D E F G H
I J K L M N O P
Q R S T U V X Y Z

---

1 2 3 4 5 6 7 8 9 0

EXERCICES.

A E I O U Y B D F
C G J M O N D P B
G R S P T R B M S

B b D d F f M m N
n P p Q q K k R r
T t Y y i E e è é

---

2 4 6 8 0 1 3 5
7 9 2 9 6 5 4 3

IV.ᵉ LEÇON.

Syllabes directes.

	a	â	e	é	è	ê
b. (*)	ba	bâ	be	bé	bè	bê
p.	pa	pâ	pe	pé	pè	pê
d.	da	»	de	dé	dè	dê
f.	fa	fâ	fe	fé	fè	fê
k.	ka	»	ke	ké	kè	kê
c.	ca	câ	»	»	»	»
g.	ga	gâ	»	»	»	»
j.	ja	»	je	jé	jè	»
l.	la	lâ	le	lé	lè	»
m.	ma	mâ	me	mé	mè	mê
n.	na	»	ne	né	nè	nê
r.	ra	râ	re	ré	rè	rê
s.	sa	»	se	sé	sè	»
t.	ta	tâ	te	té	tè	tê
v.	va	»	ve	vé	vè	vê
x.	xa	»	xe	xé	»	»
z.	za	»	»	zé	zè	»

(*) Les consonnes qui commencent les syllabes directes, sont comme des marteaux qui frappent les voyelles.

i	y	o	ô	u	û
bi	by	bo	bô	bu	bû
pi	py	po	pô	pu	pû
di	dy	do	dô	du	dû
fi	»	fo	»	fu	fû
ki	ky	ko	»	ku	»
»	»	co	cô	cu	»
»	»	go	gô	gu	»
ji	jy	jo	»	ju	»
li	ly	lo	lô	lu	»
mi	my	mo	mô	mu	mû
ni	ny	no	nô	nu	nû
ri	ry	ro	rô	ru	»
si	sy	so	»	su	»
ti	ty	to	tô	tu	»
vi	»	vo	»	vu	»
xi	xy	»	»	»	»
zi	zy	zo	zô	zu	»

1.er EXERCICE.

Ma	me	mû	la	lu	le
ta	te	tu	da	du	de
va	ne	mû	sa	su	se
fa	ré	ri	lu	mû	ne
la	mi	dé	tu	nu	né
do	si	bu	du	pu	su

2.e EXERCICE.

La mo-de du mi-di.
La pi-pe de pa-pa.
La ro-be de Sa-ra.
Le pè-re de Re-mi.
La mè-re de Ju-le.
La fê-te de Lé-vi.

3.e EXERCICE.

Ma ro-be, ma mè-re.
La li-me de pa-pa.
Le pô-le du mi-di.
La ra-me de Ju-le.
La ly-re de Cô-me.
Le pa-vé de Jo-li.

4.e EXERCICE.

La pa-ro-le di-vi-ne.
Le na-vi-re so-li-de.
La vé-ri-té u-ti-le.
Le ma-la-de re-le-vé.
Le lé-gu-me re-je-té.
Le vo-lu-me é-ga-ré.

5.e EXERCICE.

Sa pi-é-té so-li-de.
Ta pe-ti-te fi-gu-re.
Le ca-rê-me fi-ni-ra.
Le mé-ri-te de Re-mi.
Le mo-dè-le de pa-pa.
Ta vi-pè-re a pé-ri.

6.e EXERCICE.

Je ra-mè-ne Jé-rô-me.
Le pè-re du ma-la-de.
La pu-re-té de Ju-le.
La mè-re de Pa-cô-me.
La fê-te de Fi-dè-le.
Le pi-lo-te é-ga-ré.

7.e EXERCICE.

La do-ru-re se-ra so-li-de.
La pe-ti-te li-me de pa-pa.
Sa li-no-te lè-ve la tê-te. Le
nu-mé-ro se-ra u-ti-le. Ma-
da-me te di-ra la vé-ri-té.
Ta co-lè-re à é-té i-nu-ti-le.

8.e EXERCICE.

La mo-ra-li-té de La-za-re.
La fi-dé-li-té de ma mè-re.
Ca ro-li-ne va à l'é-co-le.
La na-tu-re de la fa-ri-ne.
Jé-rô-me, la lu-ne a pâ-li.
Ta fê-te se fe-ra sa-me-di.

9.e EXERCICE.

L'é-tu-de me se-ra u-ti-le.
É-mi-le a é-té re-je-té. Ma
mè-re fi-le-ra à mi-di. Ju-le,
Re-mi a bu du ca-fé. Pa-pa
fe-ra li-re Fi-dè-le. L'é-té ra-
ni-me la na-tu-re.

10.e EXERCICE.

Sa pa-ro-le a é-té u-ti-le. La pu-re-té du pè-re de Re-mi. Le lu-xe a é-ga-ré Fi-dè-le. Cô-me a-do-re la Di-vi-ni-té. Sa-ra y se-ra à la mi-nu-te. U-ne ly-re so-no-re. Une pe-ti-te sa-la-de.

11.e EXERCICE.

É-mi-le a fi-ni la pa-na-de. Ta fê-te, pa-pa, se fe-ra là. L'a-mi fi-dè-le. La ra-me du pi-lo-te. L'a-mé-ni-té pa-re la fi-gu-re. A-dè-le i-ra à la ca-ba-ne. Ta fi-ne la-me. De la do-ru-re.

12.e EXERCICE.

Ca-ro-li-ne di-ra la vé-ri-té. A-dè-le o-bé-i-ra à sa mè-re. Le dé-pu-té se-ra re-ve-nu à mi-di. Le pa-vé se-ra la-vé sa-me-di. Ju-le se se-ra sa-li à la ca-ve. Le jo-li vo-lu-me du cu-ré. Cô-me a rê-vé.

13.e EXERCICE.

Le cu-ré a é-té à l'é-co-le. Le mé-ri-te de la mo-ra-le di-vi-ne. Ta pe-ti-te fi-gu-re. Le mé-ri-te mê-me ré-vé-ré. La fè-ve, lé-gu-me u-ti-le. La ra-pi-di-té du na-vi-re. L'a-mi fi-dè-le. Le zé-ro, le zè-le, la ga-ze.

14.e EXERCICE.

Le ma-ri sé-vè-re de ta mère. Sa mo-ra-li-té. Ju-re de di-re la vé-ri-té à ma-da-me. La fè-ve mû-ri-ra. La fê-te fi-ni-ra. É-mi-le fi-xa la ta-xe. Le jo-li pa-vé de Sa-ra. Ju-le i-mi-te-ra sa mè-re.

15.e EXERCICE.

Ta mu-le a la tê-te é-le-vé*e*. (*) Le ma-la-de se-ra ra-me-né sa-me-di à mi-di. La ra-pi-di-té de la vi*e*. La fê-te de ma-da-me Le-ma-re de Ro-me. U-ne py-ra-mi-de.

(*) Les tout petits *e* muets qui sont écrits en lettres italiques à la fin de quelques syllabes soulignées, doivent être omis dans l'épellation.

V.ᵉ LEÇON.

	Ch	ph	gn	qu	gu	ill	
	a	e	é	è	i	o	u
Prononcez:	che	fe	gne	que	gue	ïe	

Ch*a*	ch*â*	ch*e*	ch*é*	ch*è*	ch*ê*	ch*i*
				ch*y*	ch*o*	ch*u*
ph*a*	ph*e*	ph*é*	ph*è*	ph*i*	ph*y*	ph*o*
gn*a*	gn*e*	gn*é*	»	gn*i*	gn*o*	gn*u*
qu*a*	qu*e*	qu*é*	»	qu*i*	qu*o*	»
gu*a*	gu*e*	gu*é*	»	gu*i*	gu*o*	»
ill*a*	ill*e*	ill*é*	»	ill*i*	ill*o*	ill*u*

1.ᵉʳ EXERCICE.

La ch*a*-ri-té de ta mè-re So-ph*ie*. La cha-pe du curé. Le chê-ne u-ti-le. La ch*u*-te de ma-da-me. La ch*i*-ca-ne de Cô-me. La vi-gne du ri-ch*e*. Ré-né a pé-ri. Le pé-ch*é* de sa v*ie*. Pa-pa ch*e*-mi-ne. Ma mè-re ch*e*-mi-ne-ra. Sa ma-gn*a*-ni-mi-té. U-ne cha-ra-de.

2.e EXERCICE.

Phi-lo-mè-ne se-ra chè-re à sa mè-re. La mê-me che-ve-lu-re. Sa tê-te ch*e*-velu*e*. U-ne co-mè-te che-ve-lu*e*. Une dé-pê-ch*e* de Ro-me. Ju-le a bu du ca-fé à la Ch*i*-ne. La ch*u*-te de Lé-vi.

3.e EXERCICE.

So-ph*ie* a la pe-ti-te vé-ro-le. La bû-ch*e* u-ti-le. Le phé-no-mène de la na-tu-re. U-ne che-mi-né*e* so-li-de. L'é-vê-qu*e* qu*i* le di-ra. Le ca-ma-ra-de qu*i* l'a a-ch*e*-té. Le gu*i*-de de l'é-co-le.

4.e EXERCICE.

Ph*i*-lo-mè-ne qu*i* l'a a-che-té. Ju-le qu*i* a sa-li sa ch*a*-pe. Je l'i-gno-re. Le si-gn*e* qu*i* si-gn*i*-fi*e*. U-ne â-me ma-gna-ni-me. Je te gui-de. U-ne gu*é*-pe qu*i* m'a pi-qu*é*. É-mi-le se-ra gu*é*-ri.

VI.e LEÇON.

Syllabes inverses.

	b	c	d	f	g	l
a. (*)	ab	ac	ad	af	ag	al
e.	eb	ec	ed	ef	»	el
i.	ib	ic	id	if	»	il
y.	yb	yc	»	yf	»	yl
o.	ob	oc	od	of	»	ol
u.	ub	uc	ud	uf	ug	ul

	p	r	s	t	»	x
	ap	ar	as	at	»	ax
	ep	er	es	et	»	ex
	ip	ir	is	it	»	ix
	yp	yr	ys	yt	»	yx
	op	or	os	ot	»	ox
	up	ur	us	ut	»	ux

1.er EXERCICE.

of	il	os	ut	ur	or
if	ir	as	il	os	ex
il	ar	es	ac	ad	ax
ol	or	us	oc	of	il
al	ur	is	ic	ac	el

(*) Lisez.

2.e EXERCICE.

Ju-le *ad*-mi-re, *il ab*-ju-re.
Al-bi *ad*-mi-ra, *il ab*-ju-ra.
Ré-né *ac*-ti-ve, *il ac*-ti-va.
Re-mi *al*-tè-re, *il al*-té-ra.
Ro-me *es*-pè-re, *il ad*-mire.
Ac-te *es*-ti-mé, *il* a va-lu.

3.e EXERCICE.

U-ne *ac*-ti-vi-té u-ti-le.
U-ne *ar*-me, u-ne *ar*-mu-re.
U-ne *ur*-ne, u-ne *ar*-ca-de.
U-ne fê-te, u-ne *al*-cô-ve.
Ec-ba-ta-ne a *il*-lu-mi-né.
Is-ra-*ël* a été *ad*-mi-ré.

4.e EXERCICE.

Ar-sè-ne *as*-pi-re de li-re.
Ur-su-le se-ra *im*-mo-bi-le.
U-ne pa-ro-le *im*-mo-ra-le.
Le lu-xe ô-te le mé-ri-te.
Il ô-te-ra l'é-pi-ne de là.
Fê-te de l'*im*-ma-cu-lé*e* Ma-ri*e*.

5.e EXERCICE.

Ur-su-le se-ra re-ve-nu*e*, va le di-re à Ma-ri*e*. U-ne *oc*-tave de No-ël. U-ne pe-ti-te *or*-ti*e*. U-ne fi-gue. U-ne *ar*-tè-re. U-ne *ar*-mé*e*. La so-li-di-té de l'é-co-le. Lé-vi a été à l'é-co-le sa-me-di.

6.e EXERCICE.

Il l'a vu à mi-di. La ma-jo-ri-té se-ra *ar*-mé*e*. Lé-o-ca-di*e* se-ra re-ve-nu*e*. *Il* m'a *ir*-ri-té. U-ne mè-re *ir*-ri-té*e*. Sa-ra se-ra *ex-ac*-te. La dé-ca-de ri-di-cule. *Or*-ga-ne de la vu*e*. *Il es*-pè-re.

7.e EXERCICE.

Ar-sè-ne *es*-ti-me-ra É-mi-le. U-ne qua-li-té qui re-lè-ve. Qui va là? Qui vi-ve? U-ne quo-ti-té fi-xe. Ta gui-ta-re a été *ad*-mi-ré*e*. *Il* m'a ta-qui-né, *il* me ta-qui-ne *en*-co-re. La pa-ro-le é-qui-vo-que.

VII.e LEÇON.

	ac	al	ar	as	ec	el
b.	bac	bal	bar	bas	bec	bel
p.	pac	pal	par	pas	pec	pel
d.	dac	dal	dar	das	»	del
f.	fac	fal	far	fas	fec	fel
c.	»	cal	car	cas	»	»
g.	»	gal	gar	gas	»	»
j.	jac	»	jar	jas	jec	»
l.	lac	»	lar	las	lec	»
m.	mac	mal	mar	mas	mec	mel
n.	nac	nal	nar	nas	nec	nel
r.	rac	ral	rar	ras	rec	rel
s.	sac	sal	sar	»	sec	sel
t.	tac	tal	tar	tas	tec	tel
v.	vac	val	var	vas	vec	vel

er	es	ic	il	is	ir
ber	bes	»	bil	bis	bir
per	pes	pic	pil	pis	pir
der	des	dic	dil	dis	dir
fer	fes	fic	fil	fis	fir

»	jes	»	»	»	»
ler	les	lic	»	lis	lir
mer	mes	mic	mil	mis	mir
ner	nes	nic	nil	nis	nir
»	res	ric	ril	ris	»
ser	ses	sic	sil	sis	sir
ter	tes	tic	tic	tis	tir
ver	ves	vic	vil	vis	vir
ol	or	os	ul	ur	us
bol	bor	bos	bul	bur	bus
pol	por	pos	pul	pur	pus
dol	dor	dos	dul	dur	dus
fol	for	fos	ful	fur	fus
col	cor	cos	cul	cur	cus
gol	gor	gos	»	gur	gus
jol	jor	jos	»	»	jus
»	lor	los	»	»	lus
mol	mor	mos	mul	mur	mus
nol	nor	nos	nul	nur	nus
rol	»	ros	rul	»	rus
sol	sor	sos	sul	sur	sus
tol	tor	tos	tul	tur	tus
vol	vor	vos	vul	vur	vus

1.ᵉʳ EXERCICE.

Le b*ac*, le l*ac*, p*ar*, c*ar*,
le b*al*, le s*ac*, f*ol*, m*ol*,
le b*ec*, le f*er*, n*ul*, m*il*,
le b*ol*, le f*il*, s*ec*, s*ur*.

2.ᵉ EXERCICE.

Le c*ol* de B*el*, t*el*, v*il*,
le d*ol*, le b*ec*, n*ul*, c*ar*,
le d*ur*, le m*al*, s*ur*, p*ur*,
la m*er*, le m*ur*, s*ur*, n*ul*.

3.ᵉ EXERCICE.

Le N*il*, le f*il*, v*il*, m*il*,
le v*er*, le f*er*, c*ar*, p*ar*,
le s*ol*, le v*ol*, m*ol*, f*ol*,
le V*ar*, le c*ol*, n*ul*, b*el*,
le l*ac*, le s*ac*, s*ec*, t*el*.

4.ᵉ EXERCICE.

Le che-v*al* p*er*-du. L'a-mi p*er*-fi-de, p*ar*-ju-re, b*ar*-ba-re. *Ar*-sè-ne me fe-ra u-ne p*or*-te de sa-p*in*. La p*al*-me du m*ar*-ty-re. *Il* te p*ar*-le-ra de la bor-ne. L'*ac*-te *in*-jus-te. *Il* se par-fu-me.

5.ᵉ EXERCICE.

Le b*us*-te du p*on*-ti-fe. M*ar*-di, *il* s*or*-ti-ra de l'*Es*-pa-gne. F*or*-tu-né por-te-ra ma l*is*-te à s*on* pè-re. U-ne par-ti-cu-le né-ga-ti-ve. La p*os*-té-ri-té. Fé-l*ix* g*ar*-de-ra sa f*er*-me.

6.ᵉ EXERCICE.

Il pa-ti-ne s*ur* le ca-n*al*. B*ar*-be te le p*or*-te-ra. *Il* a d*or*-mi s*ur* la p*or*-te de la ca-ve. J'*ad*-mi-re ta f*er*-me-té. *Il* y a p*os*-si-bi-li-té de p*ar*-t*ir*. Le s*ys*-tè-me de Co-p*er*-n*ic*.

7.ᵉ EXERCICE.

La c*or*-de de Mé-la-ni*e*. Le g*ar*-de a é-té ma-ti-n*al*. Re-m*ar*-que la vir-gu-le. Je re-g*ar*-de sa p*os*-tu-re. C*as*-tor a d*is*-pa-ru. U-ne f*or*-te c*or*-de. *Il* a d*is*-pu-té s*ur* u-ne f*or*-ma-li-té ri-di-cu-le.

8.e EXERCICE.

V*ic*-t*or* a fi-ni sa lec-tu-re. La p*or*-te se-ra f*er*-mé*e*. Ma p*er*-che a é-té vo-lé*e*. La p*is*-te de l'a-ni-m*al*. La p*er*-te d'u-ne p*er*-le. *Il* p*er*-su-a-de a-v*ec* fer-me-té. U-ne i-dé*e* f*ic*-ti-ve m'a p*er*-sé-cu-té.

9.e EXERCICE.

Je dé-t*es*-te le pé-ché. Je te d*es*-ti-ne ma f*or*-tu-ne. L'â-ne ré-t*if*. Fer-me le ca-n*if* qu'*il* te p*or*-te. La fer-ti-li-té du s*ol*. Le c*al*-c*ul* de l'é-lè-ve. Ma l*is*-te a é-té p*er*-du*e*. La l*it*-té-ra-tu-re.

10.e EXERCICE.

Il m'a d*ic*-té u-une f*or*-mu-le. Le p*os*-te m*al* g*ar*-dé. V*ic*-t*or* a m*or*-du ta t*ar*-ti-ne. *Il* se f*or*-me-ra le ca-r*ac*-tè-re. L'a-mi-r*al* Co-li-gny p*ar*-ti-ra m*ar*-di. Mi-ch*el* i-ra à l'é-co-le n*or*-ma-le.

11.e EXERCICE.

La m*ar*-mi-te de la f*er*-me. Le f*os*-sé dé-b*or*-de. Je ré-pa-re le m*ur* du cô-té de la ru*e*, le m*ur* qui a u-ne lé-z*ar*-de. La f*or*-me du che-v*al*. *Il* me p*ar*-le-ra. Je re-m*ar*-que qu'*il* se f*or*-ti-fi*e*.

12.e EXERCICE.

Il a g*ar*-ni sa g*ar*-de-ro-be. La c*ar*-te du P*or*-tu-g*al*. Zé-ph*ir* a c*ul*-bu-té. La co-c*ar*-de du p*ar*-ti ré-v*ol*-té. *Il* p*or*-te le b*el* uni-f*or*-me. A-d*ol*-phe a *ob*-te-nu le to-t*al* de ma f*or*-tu-ne.

FIN DE LA PREMIÈRE PARTIE.

✠ Lille, imprimerie de L. Lefort. 1843 ✠